AF359213

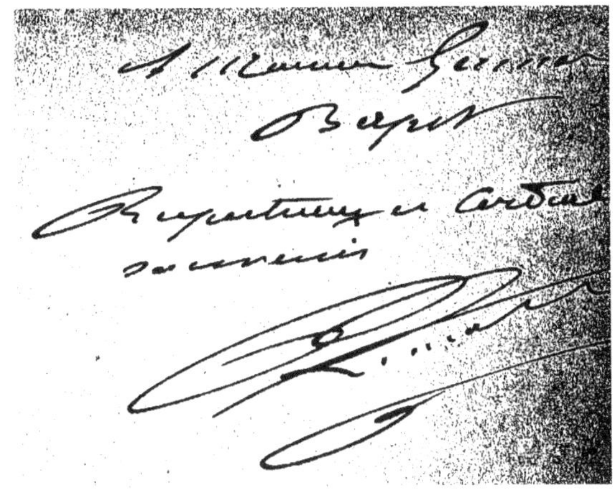

PIE VI A GAP

(29 Juin - 2 Juillet 1799)

PIE VI A GAP

(29 JUIN - 2 JUILLET 1799)

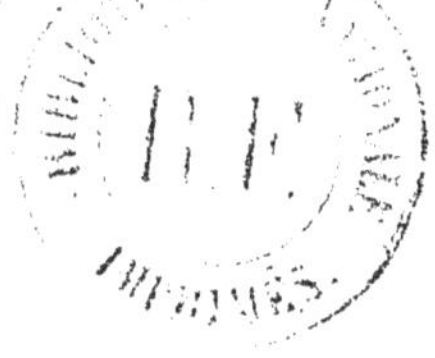

Extrait des Manuscrits de M. FARNAUD

Membre de l'Administration centrale du département des Hautes-Alpes

par

M. Paul LEMAITRE

GAP

IMPRIMERIE & LIBRAIRIE ALPINES, RUE CARNOT, 13

1904

AVANT-PROPOS

Sans doute qu'à l'époque actuelle un assez grand nombre d'habitants des Hautes-Alpes ignorent qu'un Pape vécut pendant deux mois dans ce département, demeurant sept semaines à Briançon, couchant une nuit à Saint-Crépin, une à Savines et trois à Gap. C'est ce souvenir que j'ai voulu faire revivre en publiant la partie du manuscrit inédit de M. Farnaud, alors membre de l'Administration centrale du département, traitant du passage de Pie VI à Gap (1).

(1) M. Farnaud devint ensuite secrétaire général de la préfecture des Hautes-Alpes.

Il a laissé, outre de nombreux ouvrages imprimés, de volumineux mémoires dont certains extraits seulement ont été publiés jusqu'à ce jour dans le *Bulletin de la Société d'Etudes des Hautes-Alpes* (années 1885 et 1903).

Ces mémoires n'ont pas été écrits au jour le jour par M. Farnaud, mais, au contraire, dans les dernières années de sa vie, — il est décédé le 11 août 1842. — Ainsi que je l'ai indiqué dans l'introduction au *Passage de Napoléon Ier à Gap*, ils paraissent avoir été rédigés en 1841 et 1842, mais évidemment d'après des notes ; ce retard dans la rédaction explique certaines erreurs de dates et de détails.

Il m'a paru qu'il était bon de rappeler ce grand fait historique ; car, si notre amour-propre de Français doit souffrir à la pensée que c'est l'armée française pénétrant dans Rome qui en fit sortir le Pape et le gouvernement français qui traita ensuite le Souverain Pontife en prisonnier, du moins pouvons-nous, Alpins, être un peu consolés en songeant qu'au cours de son passage dans nos montagnes et pendant son court séjour à Gap, Pie VI recueillit les témoignages nombreux et touchants d'une vénération vraiment filiale et d'un attachement que rien n'avait pu affaiblir à la Religion dont il était le chef d'autant plus aimé et vénéré qu'il était plus malheureux.

Le 10 février 1798 (22 pluviôse an VI), peu après le meurtre du ministre Duphot, l'armée française commandée par Berthier entrait à Rome par la porte du Peuple et occupait le château Saint-Ange. Aussitôt le peuple romain se proclamait en république et demandait au Pape Pie VI de renoncer à sa Souveraineté. Le Pape répondit avec dignité « qu'il ne pouvait se dépouiller d'une propriété qui n'était pas à lui, mais à la succession des Apôtres, et qui n'était qu'un dépôt dans ses mains ». C'est alors qu'il fut, pendant la nuit, extrait du Vatican et transféré tout d'abord à Sienne et de là à Florence, où il résida jusqu'au 27 mars 1799, dans la Chartreuse de cette ville.

Le Directoire, dont les armées occupaient à cette époque la majeure partie de la péninsule italienne, craignit bientôt que le Pape retrouve à Florence la même puissance qu'il avait à Rome et il décida, sans respect pour son éminente dignité, pour son âge, — il avait quatre-vingt-un ans —, pour ses infirmités, — il était paralysé —, de le faire conduire en France comme une sorte d'otage.

Pie VI dut donc, accompagné de vingt-cinq personnes constituant sa modeste cour, quitter Florence, traverser successivement, malgré ses souffrances, Modène, Parme, Alexandrie, Turin, Suze et Oulx, et arriver enfin à Cézanne, au pied du Mont-Genèvre. L'ascension fut des plus pénibles ; c'était le 30 avril et cependant il y avait encore une grande quantité de neige. Aussi ce ne fut pas sans de grandes difficultés et sans de cruelles souffrances pour le Pontife que la litière dans laquelle il était porté fut hissée jusqu'au col. Après un court arrêt devant le couvent dont les moines étaient exilés et devant l'église dévastée, et pendant que les habitants sonnaient les cloches en l'honneur du Pape, le cortège se remit en marche ; il arriva bientôt à un kilomètre de Briançon, où une compagnie de la garnison rendit au Saint-Père des honneurs qu'il ne devait plus recevoir de son vivant, mais seulement longtemps après sa mort, tandis qu'une foule nombreuse et les autorités de la ville se pressaient sur son passage.

Pie VI pénétra ainsi en France et en Dauphiné le 30 avril ; il devait y mourir le 29 août (12 fructidor), après avoir traversé le Dauphiné plus en triomphateur qu'en captif, les insultantes précautions et les grossièretés de langage de quelques-uns des fonctionnaires *du Directoire disparaissant en présence de l'empressement religieux et respectueux de la presqu'unanimité de nos populations.*

Il ne m'appartient pas de retracer ici tout ce voyage de Pie VI à travers notre Dauphiné; cela, d'ailleurs, a déjà été fait de telle sorte qu'il serait téméraire d'y revenir et je ne saurais mieux faire que de renvoyer le lecteur désireux de connaître tous les détails du voyage du Chef de la Chrétienté de Briançon à Valence, à l'excellent ouvrage de Mademoiselle A.-M. de Franclieu, Pie VI dans les Prisons du Dauphiné (1), *ouvrage auquel je me suis permis de faire de larges emprunts pour les notes que j'ai ajoutées au texte de M. Farnaud.*

Je dois donc me borner à rappeler très brièvement que Pie VI fut dirigé de Gap à Corps, où il s'arrêta le 2 juillet, puis à la Mure où il séjourna les 3 et 4 juillet, de là à Vizille le 5, enfin à Grenoble où il arriva le 6.

Mais Grenoble n'était pas la ville que le Directoire avait choisie pour la résidence, ou mieux pour la détention du Souverain Pontife. Aussi, après trois jours de repos dans l'hôtel de Mme de Vaulx, Pie VI dut-il se remettre en route et reprendre la voie douloureuse pour son corps, mais consolante pour son cœur, qui devait le conduire à Valence, terme de son voyage en France et en ce monde.

(1) *Pie VI dans les Prisons du Dauphiné,* par A.-M. de Franclieu, 2ᵉ édition, 1892: imprimerie N.-D. des Prés, Montreuil-sur-Mer.

De Gap à Grenoble, et dans cette dernière ville l'accueil avait été aussi empressé, aussi respectueux, aussi touchant que dans le Briançonnais et l'Embrunais, partout une foule innombrable se pressait sur le passage ou devant la demeure du Saint-Père, voulant le voir, sollicitant sa bénédiction et ne se retirant qu'après l'avoir reçue.

Il en fut de même de Grenoble à Valence et au cours des arrêts de Tullins (10 juillet), Saint-Marcellin (11 et 12 juillet), Romans (13 juillet) et, enfin, lors de son arrivée à Valence, le 14 juillet 1799.

Là, le Directoire jetait le masque ; Pie VI conduit à la citadelle était, à peine en avait-il franchi le seuil, déclaré en état d'arrestation.

C'est dans cet état qu'il mourut le 29 août suivant, l'aggravation progressive de sa santé ayant empêché son transfert à Dijon, qu'avait prescrit un arrêté du 4 thermidor.

En mourant, Pie VI avait prononcé ces paroles touchantes : « Recommandez surtout à mon successeur de pardonner aux français comme je leur pardonne de tout mon cœur ! » Il avait pu, en effet, se rendre compte, pendant la traversée qu'il venait de faire du Dauphiné et pendant son séjour à Valence, que les souffrances et les tortures qui lui étaient infligées étaient le fait de quelques hommes seulement, mais que la masse de la population les réprouvaient et les déploraient, restant au contraire, en dépit de la persécution qui avait proscrit tout culte extérieur, fermement attachée à la Religion et saisissant l'occasion du passage du Pape pour en témoigner avec un empressement qui amenait fréquemment sur les lèvres de celui-ci cette exclamation : « Je vous l'affirme, la religion n'est pas éteinte en France. »

Pie VI devait rester captif encore après sa mort. Il avait, dans son testament dicté le 27 août, exprimé la volonté d'être inhumé à Rome, dans l'église de Saint-Pierre ; mais le Directoire se refusa au transfert et le 8 septembre 1799, la dépouille mortelle du Pape était déposée dans un caveau de la citadelle. Elle devait y rester jusqu'au 30 janvier 1800 (10 pluviôse an VIII), jour où eut lieu à Valence l'inhumation solennelle de celui que l'arrêté des Consuls du 9 nivôse an VIII, prescrivant ses funérailles, appelait : « Vieillard respectable par ses malheurs... »

Ce n'était pas encore l'exécution de la volonté du Pontife défunt, du moins était-ce déjà un commencement de réparation que ces funérailles solennelles auxquelles prirent part toutes les autorités et toute la garnison de Valence.

L'exécution complète de la volonté de Pie VI vint plus tard, lorsque la paix religieuse fut enfin rétablie ; si bien que le Pape entré en France en captif, en pleine tourmente, alors que la Religion y semblait morte à jamais, en sortait la laissant pacifiée, au moment où les autels se relevaient grâce à la volonté pressante du Premier Consul.

La grande et belle œuvre du Concordat était couronnée par l'ordre enfin donné de respecter la volonté suprême de Pie VI et Mgr Spina, archevêque de

Corinthe, qui avait été le compagnon de captivité du Pontife, avait la joie, après avoir été le principal négociateur du Concordat, d'obtenir de Bonaparte cette décision qui complétait la réconciliation de la France avec l'Eglise catholique (1).

Ainsi c'est au moment où l'impiété victorieuse, se croyant assurée d'un triomphe définitif, s'attaquait à la Papauté, que sa puissance était plus près de finir.

Elle s'était porté à elle-même le coup mortel. En amenant le Pape en France, elle avait donné à la population, restée malgré tout chrétienne, l'occasion de manifester sa foi vivace, de témoigner de son attachement au successeur de Saint Pierre.

Est-il téméraire de penser que le magnifique mouvement de foi qui se produisit en Dauphiné a fourni au premier Consul des arguments puissants dans les discussions qu'il dut soutenir pour faire admettre par son entourage l'idée d'un Concordat avec l'Eglise catholique ?

Ainsi Pie VI, par ses souffrances, exposées à la vue du peuple, contribuait grandement au rétablissement de la Religion dans notre pays ; l'œuvre d'iniquité devenait une œuvre de salut.

Un rapprochement ne s'impose-t-il pas avec ce qui se passe à l'époque actuelle ?

La Papauté est de nouveau, en la personne de Sa

(1) Le corps de Pie VI fut remis à Mgr Spina le 10 Janvier 1802 et arriva à Rome le 16 février.

Sainteté Pie X, l'objet des outrages de gens qui prétendent représenter la France.

Le Concordat qui, pendant plus de cent ans, assura à notre pays la paix religieuse et le respect de la liberté des consciences, est sur le point d'être déchiré.

Et cependant la France est, de même qu'en 1799 et en dépit peut-être des apparences, foncièrement chrétienne ; l'immense majorité des Français reste indéfectiblement attachée à la chaire de Saint Pierre.

Jusqu'où ira la tourmente ?

Jusqu'à quel point Dieu permettra-t-il que notre foi soit ainsi persécutée ?

C'est l'insondable secret de la Providence.

Mais l'histoire est là pour nous apprendre que les attaques contre la Papauté ont toujours, dans le passé, marqué la fin de la lutte et annoncé le triomphe de la Foi ; il en fut ainsi de la persécution que subit et dont mourut Pie VI, il en sera de même des amertumes dont souffre Pie X.

Gap, 19 septembre 1904.

Paul LEMAITRE.

PIE VI A GAP

(29 Juin - 2 Juillet 1799)

Extrait des Manuscrits de M. FARNAUD

Membre de l'Administration centrale du département des Hautes-Alpes

Nous étions parvenus à la fin de juin (an VII — 1799), une dépêche de la Commission de Briançon apprit à l'administration que le Pape Pie VI venait d'arriver dans cette forteresse, et qu'elle avait prescrit que l'on eût pour lui tous les égards dus aux malheurs et à sa dignité. Elle lui apprenait encore que, malgré l'âge si avancé du vénérable Pontife, les troupes françaises, en évacuant Rome, avaient pris sur elles de l'amener en France, comme une sorte d'otage ; qu'il avait franchi les Apennins et les Alpes à marches forcées, qu'il se trouvait dans un grand état d'épuisement et qu'avant de le remettre en route quelques jours de repos lui étaient nécessaires. Envoyer cette nouvelle au ministre, lui demander les ordres du Directoire et lui donner l'assurance que l'administration prescrivait toutes les mesures pour que le personnage auguste fut, dans son trajet au milieu de nos Alpes, l'objet de toutes les attentions que réclamaient à la fois sa situation corporelle et la dignité de son caractère, fut l'ouvrage d'un moment. Après quoi M. Bontoux, père, commissaire du Directoire exécutif, prit la poste pour aller auprès du Saint-Père assurer l'exécution des intentions que l'on venait d'exprimer au gouvernement.

Avant son arrivée, de grands débats avaient eu lieu, dans le conseil de guerre de Briançon, à l'occasion du chef de la chrétienté. Fort heureusement que les commissaires de l'administration avaient été appelés à en faire partie. Ce corps réunissait dans son sein un bon nombre de militaires, auxquels les circonstances, où ils avaient vécu, au milieu des camps et des batailles, n'avaient pas laissé un degré de sensibilité propre à sentir, dans toute leur étendue, les maux auxquels était en proie le Souverain Pontife. Les uns, alarmés de l'approche des ennemis au milieu de nos montagnes, craignirent que la présence du Pape dans les murs de Briançon ne les portât à s'y rendre, dans l'intention de l'enlever ; que, par conséquent, le moindre séjour qu'il y ferait serait tout à fait impolitique et funeste ; d'autres pensèrent qu'il fallait lui faire franchir nos Alpes avec la plus grande vitesse et opinèrent pour le faire partir dès le lendemain pour Grenoble par le plus cour trajet, c'est-à-dire par la petite route de Briançon à Grenoble. Les commissaires ne furent pas de cet avis. Ils firent valoir d'abord la convenance d'attendre ce qu'aurait à prescrire l'administration centrale à laquelle ils en avaient référé. Le docteur Farnaud, l'un d'eux, se trouva fort compétent pour prendre part à une discussion d'où pouvait dépendre la vie même du haut personnage qui en était l'objet. Au moment de l'arrivée du Saint-Père, il avait été appelé pour lui donner des soins et son état de faiblesse lui était parfaitement connu. Le médecin joignait aux connaissances de sa profession un grand fond de sensibilité et il n'en fallut pas d'avan-

tage pour le pénétrer vivement du respect qu'inspire
à toute âme honnête une tête couronnée et le chef
visible de la religion, accablé sous le poids des
infirmités et du malheur. Il s'opposa donc avec
toute l'énergie dont il était capable à ce qu'on donna
suite à ces opinions. Il protesta que le Saint-Père
avait un pressant besoin de repos, que le mouvement fébrile qu'il trouvait en lui exigeait les plus
grands ménagements et que vouloir le faire conduire
à cheval, par la petite route impraticable aux voitures, c'était s'exposer à imprimer au pays un caractère d'inconvenance et d'inhumanité, que la mort
bien certaine du Pape, au milieu des embarras qu'é-
prouverait son passage dans les horribles défilés de
la Grave, de la Combe-de-Malaval et de l'Oisans, ne
manquerait pas de confirmer. Que, d'ailleurs, le
danger dont on parlait était un danger imaginaire,
qu'il ne pouvait pas balancer la responsabilité qui,
dans le cas d'un accident grave, pèserait sur les
membres du conseil. Enfin, il demanda que dans le
cas où, malgré les observations qu'il venait de
présenter, on se déciderait à adopter les opinions
émises et à la mesure impitoyablement acerbe
qu'elles avaient en vue, il demandait, au nom de
l'administration représentée par la Commission
départementale, que l'opposition qu'elle y formait
fut consignée dans le procès-verbal. Ainsi formulée,
cette opinion fut suivie de quelque agitation. Mais le
brave La Peyrouse (1) était là et un militaire de cette
importance, de cette moralité et de ce caractère, ne
pouvait se montrer insensible aux dangers dont
avait parlé le docteur et qu'il était si essentiel d'éloi-
gner d'une tête si vénérée et si précieuse que celle

(1) Mlle de Franclieu (*Pie VI dans les prisons du Dauphiné,*
2e édition, p. 46) signale le rôle du docteur Farnaud et de La Peyrouse; elle rapporte aussi un propos prêté au commissaire : « Que
c'était là une imposture et que le lendemain le Pape partirait
mort ou vif ! »

du Pape. Il appuya donc de toute la puissance de sa logique et de son autorité la manière de voir des commissaires et de l'administration centrale, et il fut arrêté qu'après le repos qui lui était nécessaire, le Saint-Père et sa suite quitteraient Briançon pour se rendre à Grenoble, avec toutes les précautions imaginables, par la grande route d'Embrun et de Gap (1).

Cette résolution fut confirmée par la commissaire central qui, à son arrivée à Briançon, en exprima sa satisfaction particulière au général et aux deux membres de la Commission, donna des louanges au médecin pour les soins qu'il avait prodigués au Saint-Père, et le confirma son médecin pour la

(1) Il paraît bien établi que celui qui, dans le Conseil, se montra le plus acharné contre le Pape fut Bérard, commissaire du Directoire.

« Bérard l'aveugle était né à la Salle ; c'est un des hommes les plus savants que les Hautes-Alpes aient produits. Quoique privé de la vue par suite d'un accident, il ne laissa pas de se livrer encore à l'étude des sciences mathématiques ; il avait un secrétaire qui lui lisait les ouvrages qu'il voulait consulter et à qui il dictait ensuite son propre travail.

« Pendant la Révolution, il se fit remarquer par l'exaltation de ses opinions républicaines et par sa haine contre le clergé. Quand l'ordre fut arrivé de transférer Pie VI de Briançon à Grenoble, Bérard, qui était commissaire, voulait le faire partir immédiatement sans attendre qu'on eût pu se procurer des voitures convenables. Une charrette, criait-il, sera bonne pour transporter le Pape ! Puis il ajoutait, en parlant des ecclésiastiques de sa suite : Quant aux autres, n'ont-ils pas des jambes pour voyager, comme voyagent tous les jours les braves défenseurs de la République. »
(Abbé SAURET, *Hist. d'Embrun*, p. 424, note 1.)

« Bérard mourut tristement. Il fut nommé, en 1800, juge d'instruction à Briançon et y cumula, jusqu'en 1810, cette fonction avec celles de principal du collège et de professeur de mathématiques. Il était devenu complètement aveugle. En 1839, il perdit l'usage de la raison et l'on vit ce persécuteur se croyant persécuté errer de rue en rue demandant un asile. « Je l'ai entendu de mes oreilles, écrivait en 1876 M. Blanchard, supérieur du Grand Séminaire de Gap, je l'ai entendu de mes oreilles demander à M. Collombet, curé de Briançon, un refuge que, dans sa pensée aigrie, il ne trouvait nulle part. « Sauvez-moi, lui disait-il, je ne suis en sûreté « qu'avec vous. » Il est mort dans un hospice à Lyon, en 1844.
(Mlle DE FRANCLIEU, *loc. cit.*, p. 47, note 2.)

route. Déjà il se mettait en mesure de procurer à Sa
Sainteté et à sa suite toutes les douceurs qui dépen-
daient de lui, lorsqu'il lui parvint une dépêche du
ministre par laquelle il lui était prescrit, au nom du
Directoire, d'avoir pour le Pape tous les égards
imaginables et de le diriger sur Valence par la route
la plus commode. Il mit donc tous ses soins à se
pourvoir d'une voiture douce et propre à effectuer le
voyage sans de fortes commotions et il recommanda
au médecin de marcher à cheval à côté de la portière
où était placé Pie VI, afin d'être à portée de lui donner les soins dont il pourrait avoir besoin (1).

Pendant son séjour à Briançon, le Souverain Pontife reçut de la part des habitants de cette ville le
témoignage du plus tendre respect et de l'hospitalité
la plus touchante et la plus cordiale (2). Au départ du
cortège, toute la population de la ville et des campagnes environnantes était sur la route, faisant connaître au Saint-Père, par ses démonstrations non
équivoques, que la religion, malgré la cessation
ostensible du culte catholique, avait conservé dans

(1) Le journal le *Courrier Universel*, du 30 thermidor, qualifie
cependant de *charrette* la voiture dans laquelle fut placé le Pape.

Théodore Gautier, dans son *Précis de l'Histoire de la ville de
Gap*, p. 371, dit que « l'illustre captif, plus qu'octogénaire, était
placé dans une *méchante* voiture. »

(2) Si l'accueil que fit au Pape la population Briançonnaise fut
touchant et cordial, il ne paraît pas que les mesures prises par les
administrateurs aient été empreintes d'une bien grande humanité.

En effet, au dire de Baldassari (secrétaire de Mgr Caracciolo,
maître de chambre de Sa Sainteté qui accompagna Pie VI jusqu'à
Briançon), dont le témoignage est difficilement récusable, les
fenêtres de la maison où fut logé le Pape n'étaient munies d'aucun
volet et étaient garnies, en guise de vitres, de châssis de grosse
toile, obstacle insuffisant au passage de l'air froid.

Il est vrai que le docteur Chabrand (*Briançon administré par
ses Consuls*) atteste le contraire et que M. l'abbé Gaillaud (*Ephé-
mérides des Hautes-Alpes*, 2ᵉ édition, p. 188) écrit que les administrateurs de l'hospice, propriétaire de la maison, « n'avaient, au
dire de Pierre Faure, économe de l'hospice, rien négligé pour
approprier le logement à sa haute destination et lui avaient fait
subir toutes les réparations dont il était susceptible. »

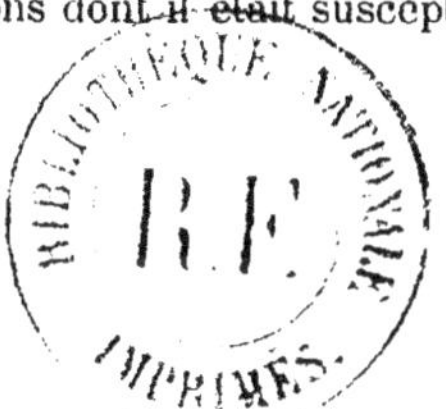

toute leur intégrité ses germes féconds et réparateurs dans le cœur de ces braves montagnards (1).

Il en fut de même tout le long de la route, dans l'Embrunais et le Gapençais (2). La population accourut sur le passage de l'homme de Dieu, de sept à huit lieues à la ronde, et l'on jugea par son empressement à solliciter ses bénédictions en se prosternant devant le cortège, qu'un sentiment plus sublime que celui d'une vaine curiosité animait les habitants de cette contrée. Le Souverain de Rome y fut très sensible. Son front vénérable laissait apercevoir une satisfaction à laquelle, depuis longtemps, il n'était plus accoutumé. Il permit partout où il s'arrêta de

(1) Mlle de Franclieu rapporte (p. 18) que Pie VI, surpris des hommages qu'il reçut à son entrée à Briançon et consolé par cette démonstration si pieuse, se retourna vers le prélat qui le suivait et lui dit: « *Amen dico cobis, non inveni tantam fidem in Israël.* » En vérité, je vous le dis, nous n'avons pas trouvé une foi si grande en Israël.

(2) Le trajet entre Briançon et Gap fut coupé en deux étapes: la première à Saint-Crépin, où Pie VI fut logé dans la maison du docteur Aymar; la deuxième à Savines, où il descendit dans l'auberge Garnier.

Au départ de Saint-Crépin, le Pape fut porté dans un fauteuil par les habitants désireux de lui éviter les rudes secousses que lui auraient fait éprouver les pierres du torrent de Mardanel.

Ce fauteuil est conservé au Petit Séminaire d'Embrun, auquel Mgr Depéry le donna par la lettre suivante :

« Le 26 juin 1799, le Pape Pie VI, par ordre du Directoire, était transporté captif de Briançon à Valence. Les fidèles de la paroisse de Saint-Crépin, le Conseil municipal et les pénitents blancs en tête, allèrent au-devant du Saint-Père jusqu'au torrent de Prareboul. On l'apporta en triomphe à Saint-Crépin, où il passa la nuit dans la maison de François-Etienne Aymar, médecin. Le lendemain, le Pape fut transporté par les gens de Saint-Crépin jusqu'au torrent de Mardanel, qui sépare la commune de Saint-Crépin de celle d'Eygliers.

« Ce fauteuil grossier a servi dans cette occasion de chaise à porteurs à Pie VI.

« Il m'a été donné, le 12 juin 1860, par M. Martin, curé de Saint-Crépin, qui le tenait de la famille Aymar. Je donne ce meuble vénérable au Petit Séminaire d'Embrun, et je recommande à MM. les Directeurs de le conserver comme une relique.

« Gap, le 30 juin 1860.

« † IRÉNÉE, *Evêque de Gap.* »

laisser entrer dans son appartement ceux qui s'y présentaient et il ne dédaignait pas de tendre ses mains, desséchées par les ans, aux personnes que sa suite jugeait faire partie des personnes honnêtes (1).

Ceux qui savent apprécier les bons sentiments dont le cœur humain est capable se feront aisément une idée de toutes les impressions qui affectèrent unanimement les habitants des Hautes-Alpes à cette époque si remarquable et si extraordinaire pour eux. Un souverain arraché de son trône par la violence, le chef suprême de la religion traduit comme un personnage suspect, ignorant le sort qu'on lui réserve, un vieillard paralysé dont le buste encore plein de grandeur inspirait irrésistiblement le respect et dont le corps affaibli par le malheur semblait déjà plus appartenir à la mort qu'à la vie ; un prince, exemple vivant des vicissitudes de ce bas monde, et dont les vertus et la patience héroïque semblaient être plutôt l'apanage d'un ange que celui d'un mortel, ce concours de tant de circonstances extraordinaires était bien propre à électriser des âmes sensibles. Et telles sont en général celles des habitants des Hautes-Alpes.

Cependant, l'administration avait fait choix, pour

(1) Le *Courrier Universel* du 30 thermidor an VII, s'exprime à ce sujet de la manière suivante, nullement exagérée, affirme l'abbé Baldassari, d'après le témoignage des personnes qui ont suivi le Pape de Briançon à Grenoble :

« L'esprit de religion qui subsiste en France s'est montré avec éclat dans les lieux où est passé le Souverain Pontife. Depuis Grenoble jusqu'à Briançon, tous les habitants des campagnes, et ceux mêmes des villes, accouraient en foule sur son passage. Il est vrai qu'une partie était poussée par la curiosité, qui pourtant se changeait bientôt en vénération, mais le plus grand nombre venait par un sentiment de religion. A la vue du Pape, tous se tenaient en silence ; silence majestueux qui cédait de temps en temps à des expressions de respect et d'enthousiasme. Les personnes pieuses ne pouvaient s'empêcher de demander au Pontife sa bénédiction. Cette foule religieuse a entouré Pie VI et a suivi sa voiture jusqu'à Grenoble. »

le séjour du Saint-Père à Gap, de la maison de
M. l'avocat Labastie, rue de Provence, à deux cents
pas environ, à gauche au-dessus de la place Saint-
Etienne (1). Il y arriva la veille du jour mémorable de
la fête de S. Pierre et de S. Paul (le 28 juin 1799 (2)
— 10 messidor, an VII de la République), au milieu
d'un concours prodigieux d'habitants de la ville et
des campagnes voisines accourus de toute part (3).
L'administration centrale s'empressa, le lendemain,
de rendre ses hommages de respect et de vénération
au Souverain Pontife (4). On l'avait assis sur un fauteuil, se trouvant impotent par suite de son grand âge
et ne pouvant se tenir debout. Aucun de nous n'avait
vu de sa vie une figure de vieillard dans de si belles
et de si nobles proportions que celle qui frappa notre
vue en entrant dans ce salon, et notre admiration
fut unanime. Un sourire gracieux et expressif se

(1) La place Saint-Etienne porte maintenant le nom de place
Jean-Marcellin.

La maison où le Pape fut logé est actuellement le n° 15 de la
rue de Provence et appartient encore à la famille Labastie.

(2) Sur ce point, M. Farnaud est en désaccord avec les divers
écrivains dont nous avons pu consulter les ouvrages. Alors qu'il
fait arriver le Pape à Gap le 28 juin et l'en fait repartir le 30,
Théodore Gautier donne la date du 29 juin pour son arrivée,
d'accord avec Mlle de Franclieu et M. Roman *(Hist. de la ville de
Gap,* p. 328). Quant à la durée du séjour, Mlle de Franclieu lui
assigne les 30 juin et 1er juillet, fixant son départ au 2 juillet
(14 messidor); tandis que M. Roman *(loc. cit.)* le fait séjourner
deux jours et partir le 1er juillet. Il paroît bien certain que c'est
effectivement le 14 messidor (2 juillet) que Pie VI arriva à Corps,
première étape après Gap (lettres de Rolland, archives de l'Isère,
et de Bontoux, archives des Hautes-Alpes, reproduites par Mlle de
Franclieu, pp. 75 et 77).

(3) « Un témoin oculaire affirme qu'on ne vit jamais à Gap une
telle foule. Arrivé sur la place Saint-Etienne, le Pape donna à
tout ce monde, plongé dans le silence de la douleur, sa bénédiction. » (Mlle DE FRANCLIEU, *loc. cit.,* p. 62.)

(4) L'administration se composait alors de MM. Allemand, de
Chorges, président; Maigre, d'Aspres-lès-Corps; Nicolas Meissas,
de Serres; Eyraud aîné, de Gap; Rossignol, de Vallouise; de
M. Bontoux père, commissaire du Directoire exécutif, et de Farnaud, secrétaire en chef. *(Note de M. Farnaud, dans une autre
partie de son manuscrit.)*

manifesta sur ses lèvres lorsque son interprète lui apprit qu'il avait devant lui la première autorité du département. Il nous prit la main à tous comme pour nous exprimer sa reconnaissance et la pressa dans la sienne. Il me souvient qu'ayant obtenu à mon tour la même faveur, je fus fort surpris de la force avec laquelle il me serra la main. Je remarquais que la sienne était sillonnée de veines longitudinales en forme de petits filets protubérants à la surface et semblant, par leur légère contexture, tout prêts à laisser échapper le sang qu'ils contenaient, tant était grande leur transparence veloutée. Il ne pouvait être question, tant de la part du Saint-Père que de la nôtre, d'exprimer nos sentiments par des paroles, qui, probablement, n'auraient pas été entendues. Mais il y fut suppléé par le jeu de la physionomie, par le doux regard, le bienveillant et gracieux sourire, et cette conversation pantomime n'eut pas moins d'entente que si elle avait eu lieu avec les plus riches expressions. Le Saint-Père ne restant pas au-dessous de ce qu'il voulait nous exprimer, ajouta à ses démonstrations une preuve non équivoque de la bonne opinion qu'il avait conçue de nous. Ayant levé la main pour nous bénir, nous nous inclinâmes respectueusement et nous reçûmes en enfants soumis la bénédiction de ce bon père de la chrétienté. Après quoi il nous admit à l'honneur du baise-main. Tout ce que je vis, tout ce que je ressentis en ce moment est toujours resté profondément gravé dans mon esprit. Si je possédais l'art de la peinture, il me semble qu'il me serait possible de retracer fidèlement les beaux traits de cette tête si majestueuse. Cette attitude toujours soutenue quoique portant le lourd fardeau d'un si grand âge, ce buste si admirable encore dans toutes ses proportions, cette douceur si expressive dans toute sa physionomie, en un mot cette sérénité, ce reflet de la paix de l'âme étendu sur toute la surface de son front vénérable et que son regard encore vif et pénétrant laissait apparaître à tous les cœurs fidèles, comme le fruit naturel de la sainteté de sa vie, peut-être qu'alors, pour atteindre à toute la hauteur de mon sujet, je me serais élevé jusqu'au sublime.

Là, pour achever de remplir nos cœurs des plus douces impressions, la Providence nous réserva d'être témoins d'une scène fort attendrissante. M. Céaly, directeur des postes, entra dans le salon pour faire aussi sa cour au Saint-Père. Il était de même âge que lui (1) et, par un hasard peu commun, il avait sa taille, la coupe de son visage et à peu près sa physionomie. En s'apercevant l'un l'autre, les deux vieillards se prirent à sourire, une sympathie rapide sembla les animer tous deux en même temps. Le Pape eut l'air enchanté en apprenant que l'habitant de Gap était né la même année que lui ; s'il avait pu aisément se lever, il l'aurait probablement pressé dans ses bras ; à défaut, il lui tendit la main et prit la sienne affectueusement en l'agitant à plusieurs reprises comme en signe de joie et de contentement et comme pour le féliciter de sa bonne santé et de ce qu'il était plus ingambe que lui. Ce bon M. Céaly ne put contenir ses larmes. Son émotion passa jusqu'à nous et elle fut partagée par tous ceux qui étaient présents à cette scène. Il s'inclina alors devant le Saint Pontife aussi profondément que son âge put le lui permettre ; il en reçut la bénédiction, et, lui ayant respectueusement baisé la main que le Pape lui tendit avec une bienveillance toute particulière, il se retira en disant: *Nunc dimittis servum tuum Domine.* De nouveaux fonctionnaires étant survenus, nous sortîmes de même, toutefois en exprimant à l'interprète combien l'administration se trouverait heureuse si elle pouvait être mise à même de rendre

---

(1) 84 ans. *(Note de M. Farnaud.)* M. Farnaud commet ici une erreur : Pie VI, né en 1717, est décédé à 81 ans 8 mois et 2 jours.

quelque service agréable à Sa Sainteté et, par là, de lui exprimer toute la vénération dont elle était pénétrée poùr son auguste personne (1).

La fête des Saints Apôtres (29 juin 1799) se passa donc, par l'une de ces circonstances inouïes que la Providence seule tient dans ses mains, à rendre dans la ville de Gap de sincères hommages de respect et de vénération à l'illustre prisonnier, digne et noble successeur de Saint Pierre. Dans les temps ordinaires, assis sur le trône pontifical à Rome, sous les lambris dorés du Vatican, entouré du Sacré Collège, il aurait le même jour reçu les félicitations de tous les grands personnages de la capitale du monde et des représentants de toutes les nations de la chrétienté, et du haut du balcon sacré, il aurait béni et le peuple de cette grande cité et celui accouru de toute l'Italie, humblement prosternés à ses pieds, et le monde entier, toujours présent à sa tendre sollicitude et toujours l'objet de son ardente charité, comme il le fut de celle de son divin Maître qui lui a transmis ses célestes pouvoirs sur la terre. Quelle chute aux yeux des hommes, mais quelle grandeur aux yeux du Ciel ! Le voilà comme lui abreuvé de fiel et d'amertume, mais soumis et résigné, mais innocent et serein et lui faisant hommage de ses revers et de ses humiliations. La chétive et pauvre ville de Gap lui tient lieu en ce jour de la superbe ville de Rome, la maison Labastie est pour lui le Vatican et l'humble fauteuil de velours où il est assis, le trône pontifical. Au lieu du concours des cardinaux assemblés autour de sa personne, à peine s'il peut distinguer quelques prêtres

____

(1) Mlle de Franclieu rapporte *(loc. cit.,* p. 64) que le Conseil municipal de Gap rendit aussi visite au Pape ; un des conseillers prononça un discours auquel Pie VI répondit par ce verset du Psalmiste : « *Sit nomen domini benedictum, ex hoc nunc et usque in sæculum.* »

déguisés (1) qui se sont furtivement glissés auprès de lui. Au lieu des ambassadeurs des puissances et des grands de ses Etats, il voit défiler devant lui la modeste Administration centrale du plus pauvre département de France et les autorités de la ville et, pour cette fois, sa bénédiction se répand non pas sur les grands de Rome et d'Italie, mais sur les infortunés habitants des Alpes.

Cependant la nouvelle de l'arrivée du Saint-Père à Gap et du séjour qu'il devait y faire se répandit comme l'éclair dans les parties inférieures du département. On accourt en foule au-devant de ses pas et jamais la ville n'avait vu dans son sein autant de monde réuni. Quelques heures avant le départ de l'humble cortège (30 juin) pour Grenoble, une immense population va se poster sur l'avenue de la route et en occupe les deux bords depuis la plaine jusqu'au sommet de la montagne de Gap, pour être à portée de saluer le Saint-Père à son passage et d'en recevoir la bénédiction. A cet effet, les deux portières de la voiture restèrent ouvertes et tout le monde put à son aise contempler ses traits vénérables, attendu la lenteur que l'on mit à parcourir cette montée si rapide (2). Là, à son tour, la nombreuse

(1) D'après Mlle de Franclieu (pp. 65 et 66), ni M. de Cazeneuve, ancien évêque constitutionnel alors retiré, ni M. Garnier, curé d'Avançon, élu évêque à la place de M. de Cazeneuve, ne se présentèrent pour saluer le Pape. Seul, parmi les assermentés, M. Escallier, curé constitutionnel de la cathédrale de Gap, pénétra auprès du Saint-Père et obtint d'être relevé des censures qu'il avait encourues.

(2) La lenteur avec laquelle les chevaux faisaient la rude et pénible montée de Bayard donnait à tous le temps d'être bénis, et de voir ce Pontife suprème : plusieurs se levaient aussitôt après avoir reçu sa bénédiction et montaient plus haut pour tâcher de le revoir et d'être bénis encore. Une religieuse chassée de son couvent aux jours de la Terreur parvint jusqu'à Chauvet, après s'être agenouillée à tous les détours du chemin sans en excepter un seul.

« Une jeune fille, Sophie Disdier, malade depuis longtemps,

population du Champsaur était accourue et bordá
aussi la route jusqu'aux limites du département de
l'Isère, où de pareils hommages furent rendus de
même à Sa Sainteté qui, par ses saluts et ses bénédictions réitérées, en exprima sa satisfaction.

L'accueil fait au Saint-Père au milieu de nos montagnes fit du bruit dans le monde. Quelque temps
après, nous apprîmes par la voix des journaux que
Louis XVIII, dans son exil à Mittau, avait écrit une
lettre au Sacré Collège où il se félicitait des consolations que le Pape, dans les fers, avait trouvées au
milieu de nos montagnes et de la bonne réception
qui lui avait été faite par ses sujets des Alpes. Cette
circonstance me revint dans la mémoire le 10 mai
1814, époque où la ville de Gap, à l'exemple de beau-
coup d'autres villes de France, ayant jugé à propos
d'envoyer une députation à Louis XVIII à l'occasion
de son rétablissement sur le trône de ses pères, je
fus chargé par le Conseil municipal de la rédaction
de l'adresse dont M. Dabon, maire, devait être le
porteur et donner lecture à Sa Majesté en qualité de
président de cette commission. L'expérience m'avait
appris que ces sortes d'hommages publics rendus
aux souverains, toujours uniformes quant aux sentiments et presque sans couleurs quant à la forme
et aux expressions, produisaient peu d'effet sur
leur esprit s'il ne renfermaient pas quelque chose de
neuf ou de tranché qui les fit distinguer de la foule.
J'eus donc la pensée de faire honneur à mon pays du
bon accueil fait au Souverain Pontife, en 1799, par la
religieuse population des Alpes et ce fut une pensée

persuadée qu'elle se relèverait bien portante si elle pouvait s'age-
nouiller aux pieds du Pontife-martyr, suivit sa voiture jusqu'au
village de Laye. Pendant que le postillon changeait de chevaux,
elle put traverser la foule et solliciter la bénédiction à laquelle
elle attachait tant de prix. Pie VI la lui donna. Sa foi ne fut pas
déçue. Elle se releva guérie et retourna à Gap rayonnante de
bonheur. » (*Annales du Laus.*)

(Mlle DE FRANCLIEU, loc. cit., p. 74.)

heureuse, car ce fut la seule à laquelle s'arrêta le monarque, qui, probablement et comme je l'avais prévu, ne fut pas fâché de reconnaître que l'on avait gardé le souvenir de ce qu'il avait fait dans son exil en Russie. Voici comment, au milieu de l'expression de nos vœux pour ce prince éclairé, j'intercalais ce qui se rapportait à cette intéressante anecdote qui fut accueillie par le Conseil municipal, auquel j'étais étranger à cause de mes fonctions de secrétaire général, avec la plus grande faveur (1).

« Nos sentiments, Sire, sont puisés dans les
« affections les plus pures. Ils appartiennent à une
« population qui, par la régularité de ses principes,
« a su conjurer les orages politiques, qui se fait
« gloire d'avoir, à une époque où la modération était
« un crime, évité quelques pleurs à l'humanité en
« donnant asile à de nombreuses victimes expa-
« triées qu'une cruelle persécution avait frappées
« d'anathème. Et ! comment se défendre d'un mou-
« vement de fierté quand la louange de nos mœurs
« et de notre conduite est sortie du cœur et de la
« plume même de Votre Majesté.

« Oui, Sire, en écrivant au Sacré Collège, vous
« éprouvâtes quelque douceur d'apprendre au monde
« entier que Pie VI, dans les fers, trouva des conso-
« lations au milieu de nos montagnes. Notre véné-
« ration pour la personne du Saint Pontife parut
« adoucir les amertumes de son âme et l'empresse-
« sement religieux de notre population confirma

---

(1) Cette adresse, faite d'abord pour la seule ville de Gap, devint commune à celles d'Embrun et de Briançon par l'adjonction qui se fit à Paris des députés de ces deux villes à ceux de Gap, toujours sous la présidence de M. Dabon, ancien officier supérieur du génie militaire. Mon aîné, François Farnaud, domicilié à Paris depuis plus de 15 ans, fit partie de cette députation. Cette adresse fut lue et présentée au roi le 7 juin et parut le lendemain 8 dans le *Mo niteur. (Note de M. Farnaud.)*

« que, malgré les oppresseurs du monde, la foi de
« nos pères était impérissable.

« Sire, les habitants des Hautes-Alpes sont pau-
« vres ; ce mot seul les recommande au cœur de
« Votre Majesté ; elle trouvera constamment en eux
« des sujets fidèles, respectueux, obéissants, tels
« enfin qu'ils doivent être pour mériter les regards
« et les bienfaits du prince. »

Le roi fit cette réponse extraite du *Moniteur :*

« Je suis sensible aux sentiments que vous m'ex-
« primez au nom du département des Hautes-Alpes.
« Les consolations que le père commun des fidèles
« trouva parmi vous sont la meilleure recommanda-
« tion auprès du roi très chrétien. Comptez sur mes
« soins. »

Telle fut la réponse officielle, la réponse d'apparat
du spirituel Louis XVIII ; mais il ne se borna pas à
cela, il ne dédaigna pas d'entrer en conversation avec
la députation et de s'enquérir d'elle de la situation
physique et morale où se trouvait Pie VI à son arrivée dans nos Alpes et l'impression que son passage
avait fait sur l'esprit de nos populations, de la conduite des autorités dans cette circonstance et de
l'embarras où elles avaient pu se trouver, vu le
malheur des temps, pour lui rendre les services et
les hommages dus à sa dignité. Les réponses à
toutes les questions, faites dans des intérêts histo-
riques, furent accueillies par le prince avec une
rare bienveillance. Au retour de la députation, je
reçus des félicitations bien sincères de la part de
ceux qui l'avaient composée, sur la bonne pensée
que j'avais eue de faire de cette anecdote historique
l'un des sujets de l'adresse que le Conseil municipal
avait bien voulu confier à ma rédaction.

Une nouvelle dépêche du gouvernement avait

annoncé que, dans la crainte où il était qu'il né se trouva pas dans le pays un médecin disponible pour prendre soin des jours du Saint-Père dans sa traversée des Alpes, il avait jeté les yeux sur le médecin Duchâteau, de Grenoble, et lui avait enjoint l'ordre de se rendre auprès de sa personne. Ce docteur arriva en effet presque en même temps que la dépêche, c'est-à-dire un peu avant que le cortège ne se mit en route de Gap pour se rendre à Grenoble (1). Les officiers du Pape, qui avait pris de l'attachement pour le docteur Farnaud, éprouvèrent de vifs regrets en apprenant que sa mission était terminée et Sa Sainteté elle-même, lorsqu'elle en fut instruite, y parut sensible, ce que du moins elle fit apparaître par des démonstrations non équivoques au moment où le docteur fit ses adieux.

J'ai souvent réfléchi à cet épisode particulier de la vie de mon frère et j'y ai toujours reconnu combien, dans l'accomplissement de ses desseins, la Providence se sert même des plus faibles instruments. Dans cette circonstance, un enfant de Gap est appelé à détourner de dessus la tête du Pontife-martyr, et par une opinion parfaitement raisonnée, la mort dont il était menacé, mais dont l'heure n'était pas encore venue, et cette opinion d'un jeune homme, naturellement timide, exprimée avec toute la liberté et toute l'énergie de l'âge mûr dans une réunion presque toute composée de militaires, fit sur eux assez d'impressions pour écarter la foudre qui menaçait la vie du saint personnage. Il est ensuite assez heureux que de pouvoir, à chaque instant depuis Briançon jusqu'à Gap, ranimer par des soins non interrompus cette existence si pré-

(1) D'après Mlle de Franclieu, ce serait avant d'arriver à Chorges que le docteur Duchadoz (au lieu de Duchâteau), envoyé par le ministre d'Espagne, Pierre de Labrador, sur l'autorisation du Gouvernement et non par le Gouvernement, aurait rencontré le cortège pontifical et aurait pris auprès du Saint-Père la place du docteur Farnaud qui, néanmoins, accompagna Pie VI jusqu'à Gap.

cieuse, si chancelante, à laquelle le Ciel voulait
réserver pour sa dernière consolation la satisfaction
de se voir environné par tout ce que l'amour et le
respect des peuples avaient de plus touchant et de
plus sublime, comme pour lui faire connaître avant
son entrée au tombeau que la chrétienté possédait
encore des cœurs dévoués et fidèles à cette religion
sublime dont il est le chef visible sur la terre et qui,
bientôt, va lui procurer la récompense due à ses
malheurs et à ses vertus.

Me rappelant ensuite tout ce qui, dans notre
enfance, nous procurait des jours sereins auprès
de nos pieux et chers parents, je me suis souvent
représenté combien leur joie eût été grande s'il leur
avait été possible de savoir qu'un jour le dernier de
leurs enfants vivants aurait la satisfaction d'exercer
une heureuse influence sur les dernières destinées
d'un Souverain Pontife, alors que, dans les fers,
par suite des évènements les plus extraordinaires,
il serait exposé à considérer comme des bienfaits
les égards accordés à son auguste personne par les
hommes les plus simples et les plus médiocres de
la catholicité.

C'est ainsi que le Pape Pie VI, d'éternelle mémoire,
et auquel s'applique si bien, comme à son Maître,
le dernier verset du psaume 109 : « *De torrente in
via bibet propterea exaltabit caput* », traversa nos
Alpes ; il arriva à petites journées jusqu'à Valence,
lieu fixé pour sa résidence, où il ne tarda pas longtemps à succomber sous le poids de son âge, de
ses infortunes et de ses infirmités.

Gap, Imprimerie & Librairie Alpines, rue Carnot, 13. -- Léon Chaix, dir.